Recettes Olivier NASTI
Photographies Franck SCHMITT

TROP BON !
LES FLAMENKÜCHE

Editions OUEST-FRANCE

Les bases

Fond de tarte

Pour 1 pâte

Ingrédients

100 g de farine type 45
50 g de farine type 55
50 g de farine de seigle
20 cl d'eau tiède
2 cl d'huile de colza grillé
5 g de levure de boulanger
5 g de sucre
5 g de sel

- Délayer la levure et le sucre dans 10 cl d'eau tiède.
- Laisser reposer 15 min à température ambiante.
- Former une fontaine avec les farines, directement sur le plan de travail.
- Verser le reste d'eau, l'huile et le sel au centre de la fontaine.
- Mélanger et pétrir la pâte environ 5 min afin qu'elle soit souple et lisse.
- Façonner une boule, puis la couvrir d'un torchon humide et laisser lever environ 1 h 30.
- La faire retomber en appuyant dessus avec la main et en la repliant sur elle-même deux fois.
- Etaler la pâte très finement en rectangle à l'aide d'un rouleau à pâtisserie.
- La piquer à l'aide d'une fourchette.
- Précuire la pâte environ 20 s au four.

Ce fond de tarte sert pour réaliser chaque tarte flammée.

Pour chaque réalisation de tartes flammées, le four doit être préchauffé à 300 °C et la cuisson de la tarte est d'environ 3 min.

Appareil salé

Pour 1 flammée salée

Ingrédients

100 g de fromage blanc
20 g de crème épaisse
1 jaune d'œuf
2 cuillerées à café d'huile de colza torréfié
1 cuillerée à soupe de farine type 55
muscade râpée
sel, poivre

- Dans un récipient, mélanger le fromage blanc et la crème épaisse.
- Ajouter l'huile de colza et le jaune d'œuf.
- Mettre la farine, le sel, le poivre et la noix de muscade.
- Mélanger jusqu'à ce que l'appareil devienne homogène et lisse.

Appareil sucré

Pour 1 flammée sucrée

Ingrédients

100 g de fromage blanc
20 g de crème épaisse
1 cuillerée à soupe de farine type 55
2 cuillerées à soupe de sucre semoule

- Dans un récipient, mélanger le fromage blanc et la crème épaisse.
- Ajouter la farine et le sucre semoule.
- Mélanger jusqu'à ce que l'appareil devienne homogène et lisse.

Ces appareils sont utilisés sur chaque tarte salée ou sucrée.

Préparation des oignons

Oignons blanchis :

- Eplucher et émincer les oignons.
- Dans une casserole d'eau bouillante salée, cuire les oignons.
- Stopper la cuisson à la reprise de l'ébullition.
- Les rafraîchir à l'eau froide dans une passoire puis les débarrasser.

Oignons en botte :

- Eplucher et émincer les oignons très finement. Les débarrasser.
- On peut garder la ciboule (partie verte de l'oignon) pour la finition de certaines tartes.

Oignons confits :

- Eplucher et émincer les oignons.
- Dans une casserole, faire suer à l'huile d'olive les oignons, du thym, du laurier et une gousse d'ail.
- Laisser mijoter 2 h à couvert en remuant régulièrement.
- Assaisonner.
- Egoutter puis débarrasser.

Oignons poêlés :

- Eplucher et émincer les oignons.
- Dans une poêle bien chaude, faire sauter les oignons à l'huile d'arachide.
- Assaisonner.
- Débarrasser quand les oignons sont bien colorés.

Mélange d'herbes fraîches

Pour 6 personnes

Ingrédients

2 bottes de cerfeuil
2 bottes de ciboulette
2 bottes d'aneth
1 botte de coriandre
1 botte de menthe
1 botte de basilic

- Equeuter toutes les herbes.
- Les mélanger.

Vinaigrette balsamique

Ingrédients
2 cuillerées à soupe de vinaigre balsamique
2 cuillerées à soupe d'huile d'olive
1 cuillerée à café de moutarde
sucre
sel, poivre

• Dans un récipient, mélanger le vinaigre balsamique, la moutarde, une pincée de sel, de poivre et de sucre.
• Monter la préparation à l'huile d'olive.

Vinaigrette à la moutarde à l'ancienne

Ingrédients
2 cuillerées à soupe de vinaigre Melfor
2 cuillerées à soupe d'huile d'arachide
1 cuillerée à café de moutarde de Dijon
1 cuillerée à café de moutarde à l'ancienne
1 pincée de sel
1 pincée de poivre

• Dans un récipient, mélanger le vinaigre Melfor, la moutarde à l'ancienne, la moutarde de Dijon, le sel et le poivre.
• Monter la préparation à l'huile d'arachide.

Les classiques

Flammée nature

Ingrédients

1 fond de tarte
100 g d'appareil salé
70 g de lard fumé
40 g d'oignons

- Tailler le lard fumé en bâtonnets.
- Emincer et faire blanchir les oignons (voir p. 5).
- Etaler à l'aide d'une cuillère à soupe l'appareil salé (voir p. 4) sur le fond de tarte (voir p. 2).
- Ajouter le lard fumé ainsi que les oignons.
- Faire cuire la tarte 3 min dans un four préchauffé à 300 °C.

Flammée gratinée ▸

Ingrédients

1 fond de tarte
100 g d'appareil salé
70 g de lard fumé
40 g d'oignons
40 g d'emmental râpé

- Tailler le lard fumé en bâtonnets.
- Emincer et faire blanchir les oignons (voir p. 5).
- Etaler à l'aide d'une cuillère à soupe l'appareil salé (voir p. 4) sur le fond de tarte (voir p. 2).
- Ajouter le lard fumé ainsi que les oignons.
- Puis parsemer l'emmental sur la tarte.
- Faire cuire la tarte 3 min dans un four préchauffé à 300 °C.

Flammée au munster et à la purée de carottes

Ingrédients

1 fond de tarte
50 g d'appareil salé
40 g d'oignons en botte
100 g de munster
20 g de beurre
cumin

Purée de carottes

50 g de carottes
1/2 oignon
fond blanc de volaille
poivre

Préparer la purée de carottes

- Eplucher et ciseler l'oignon.
- Eplucher et tailler grossièrement les carottes.
- Faire suer sans coloration les oignons et les carottes.
- Mouiller au fond blanc de volaille à hauteur.
- Après ébullition, laisser cuire environ 1 h.
- Mixer la purée, assaisonner et débarrasser.

Préparer la tarte

- Mélanger l'appareil salé à 50 g de purée de carottes.
- Etaler le mélange d'appareil salé (voir p. 4) sur le fond de tarte (voir p. 2).
- Ajouter les oignons en botte et le munster coupé en tranches.
- Faire cuire la tarte 3 min dans un four préchauffé à 300 °C.
- A la sortie du four, parsemer de cumin et poivrer.

Flammée
au munster röstis

Ingrédients

1 fond de tarte
100 g d'appareil salé
40 g d'oignons en botte
100 g de munster

Galette de pommes de terre

100 g de pommes de terre
1 œuf
huile d'arachide
sel, poivre
40 g de mesclun
vinaigrette à la moutarde à l'ancienne

Préparer la galette de pommes de terre

- Râper les pommes de terre, ajouter l'œuf, assaisonner et bien mélanger.
- Dans une poêle bien chaude, faire cuire les pommes de terre râpées en les tassant pour former un paillasson.
- Débarrasser sur un papier absorbant.

Préparer la tarte

- Etaler l'appareil salé sur le fond de tarte (voir p. 2).
- Ajouter les oignons en botte (voir p. 5), le munster coupé en tranches et répartir la galette de pommes de terre équitablement sur la tarte.
- Faire cuire la tarte 3 min dans un four préchauffé à 300 °C.
- A la sortie du four, ajouter le mesclun assaisonné avec la vinaigrette à la moutarde à l'ancienne (voir p. 7).

Flammée
aux escargots de la Weiss

Ingrédients

1 fond de tarte
100 g d'appareil salé
10 g de persil frisé
12 escargots frais
60 g de lard fumé
1 l de fond brun
20 g de beurre d'escargot
poivre

- Equeuter et hacher le persil.
- Dans une casserole, faire cuire les escargots et le beurre pendant 3 min.
- Détailler de gros lardons dans le lard fumé.
- Dans une poêle bien chaude, saisir et colorer les lardons, ajouter le fond brun et laisser réduire presque à sec.
- Mélanger l'appareil salé (voir p. 4) avec le persil haché.
- Etaler l'appareil sur le fond de tarte (voir p. 2).
- Ajouter les escargots et le lard braisé.
- Faire cuire la tarte 3 min dans un four préchauffé à 300 °C.
- Poivrer à la sortie du four.

Les entrées

Flammée à la salade d'herbes

Ingrédients

1 fond de tarte
100 g d'appareil salé
40 g d'oignons
40 g de parmesan
40 g de mélange d'herbes fraîches
20 g de mesclun
20 g de roquette
6 tomates confites
vinaigrette balsamique

- Préparer le mélange d'herbes fraîches (voir p. 6).
- Tailler des copeaux de parmesan à l'aide d'un économe.
- Faire la vinaigrette balsamique (voir p. 7).
- Ajouter au mélange d'herbes fraîches le mesclun et la roquette.
- Assaisonner la salade avec la vinaigrette balsamique.
- Etaler l'appareil salé (voir p. 4) sur le fond de tarte (voir p. 2).
- Ajouter les oignons blanchis (voir p. 5).
- Faire cuire la tarte 3 min dans un four préchauffé à 300 °C.
- A la sortie du four, disposer en dôme le mélange de salades.
- Ajouter les tomates confites.
- Parsemer les copeaux de parmesan.

Flammée au jambon cru ▸

Ingrédients
de la recette ci-dessus +

3 tranches de jambon de cru de Parme

- Procéder de la même façon que pour la flammée à la salade d'herbes.
- Ajouter le jambon cru en tranches.

Flammée au chèvre et aux figues rôties

Ingrédients

1 fond de tarte
100 g d'appareil salé
40 g d'oignons en botte
100 g de fromage de chèvre
40 g de mesclun
40 g de mâche
vinaigrette aux figues
sel, poivre

Figues rôties au miel

2 figues
10 g de beurre
2 cuillerées à soupe de miel
10 cl de porto

Préparer les figues rôties au miel

- Faire réduire le porto de moitié et ajouter le miel.
- Faire une entaille sur le dessus de la figue, y incorporer le beurre.
- Sur une plaque, mettre les figues et la réduction de porto au miel puis faire cuire au four, à couvert, 30 min à 180 °C (th. 6).
- Tailler les figues en quartier.
- Récupérer le jus de cuisson.

Préparer la vinaigrette aux figues

- Procéder de la même façon que pour la vinaigrette à la moutarde à l'ancienne (voir p. 7), puis ajouter le jus de cuisson des figues.

Préparer la tarte

- Etaler l'appareil salé (voir p. 4) sur le fond de tarte (voir p. 2).
- Ajouter les oignons en botte (voir p. 5), le chèvre et les figues.
- Faire cuire la tarte 3 min dans un four préchauffé à 300 °C.
- A la sortie du four, ajouter la salade assaisonnée.
- Saler, poivrer.

Flammée au brocciu

Ingrédients
1 fond de tarte
100 g d'appareil salé
20 g d'oignons en botte
20 g de poivrons
100 g de brocciu frais
80 g de pousses de moutarde
noix
thym, laurier
huile d'olive
vinaigrette à la moutarde à l'ancienne
sel, poivre

• Battre le *brocciu*, y ajouter une cuillerée à soupe d'huile d'olive, saler et poivrer.
• Emincer les poivrons. Les faire mariner dans l'huile d'olive avec le thym et le laurier.
• Etaler l'appareil salé (voir p. 4) sur le fond de tarte (voir p. 2).
• Ajouter les oignons en botte émincés (voir p. 5) et les poivrons marinés égouttés.
• Faire cuire la tarte 3 min dans un four préchauffé à 300 °C.
• A la sortie du four, rajouter la salade assaisonnée avec la vinaigrette à la moutarde à l'ancienne (voir p. 7) et dresser le *brocciu* à l'aide d'une poche pâtissière ou faire des quenelles.
• Saler, poivrer et ajouter les noix.

Flammée au bleu d'Auvergne et aux épinards ▸

Ingrédients
1 fond de tarte
100 g d'appareil salé
80 g de pousses d'épinard
10 g de beurre
80 g de bleu d'Auvergne
1 petite échalote
noix
sel, poivre

• Eplucher et ciseler l'échalote.
• Equeuter les pousses d'épinard.
• Tailler le bleu d'Auvergne en cubes grossiers.
• Faire suer l'échalote, avec le beurre, sans coloration, puis ajouter les pousses d'épinard (cuisson rapide).
• Etaler l'appareil salé (voir p. 4) sur le fond de tarte (voir p. 2).
• Ajouter les épinards et le bleu d'Auvergne.
• Faire cuire la tarte 3 min dans un four préchauffé à 300 °C.
• A la sortie du four, assaisonner et ajouter les noix.

Flammée façon pissaladière aux anchois

Ingrédients

1 fond de tarte
100 g d'appareil salé
40 g d'oignons confits
50 g d'anchois
1 cuillerée à soupe de fleurs de câpres
1 branche de romarin
1 cuillerée à soupe d'olives noires de Nice, poivre

- Brûler le romarin.
- Dénoyauter et émincer les olives.
- Etaler l'appareil salé (voir p. 4) sur le fond de tarte (voir p. 2).
- Ajouter les oignons confits (voir p. 5) et les olives noires.
- Faire cuire la tarte 3 min dans un four préchauffé à 300 °C.
- A la sortie du four, ajouter les fleurs de câpres, les anchois et le romarin.
- Poivrer.

Flammée aux céréales et champignons

Ingrédients

1 fond de tarte
100 g d'appareil salé
40 g d'oignons en botte
30 g de champignons de Paris
20 g de mélange de graines (courge, tournesol, sésame, pavot et lin)
80 g de pousses de betterave
vinaigrette à la moutarde à l'ancienne

- Torréfier le mélange de graines.
- Laver et émincer les champignons de Paris.
- Etaler l'appareil salé (voir p. 4) sur le fond de tarte (voir p. 2).
- Ajouter les graines et les oignons en botte (voir p. 5).
- Faire cuire la tarte 3 min dans un four préchauffé à 300 °C.
- A la sortie du four, ajouter les pousses de betterave, assaisonnées avec la vinaigrette à la moutarde à l'ancienne (voir p. 7), et les champignons de Paris.

Les produits de la mer

Flammée aux Saint-Jacques et à la purée de patates douces

Ingrédients
1 fond de tarte
50 g d'appareil salé
40 g d'oignons en botte
100 g de noix de Saint-Jacques
1 petite courgette
sel, poivre

Purée de patates douces
50 g de patates douces
1/2 oignon
fond blanc de volaille

Sauce
1 cuillerée à café de gingembre
1 cuillerée à soupe de curry
2 cuillerées à soupe d'huile d'olive

Préparer les Saint-Jacques
- Tailler les noix de Saint-Jacques en fines lamelles (carpaccio).

Préparer la purée de patates douces
- Eplucher et émincer l'oignon.
- Eplucher et tailler grossièrement les patates douces.
- Faire suer sans coloration les oignons et les patates douces.
- Mouiller au fond blanc de volaille à hauteur.
- Après ébullition, laisser cuire environ 1 h.
- Mixer la purée, assaisonner et débarrasser.

Préparer la sauce curry/gingembre
- Eplucher et hacher le gingembre. Mixer ensemble l'huile d'olive, le curry et le gingembre haché. Assaisonner.

Préparer la tarte
- Etaler l'appareil salé (voir p. 4) mélangé à la purée de patates douces sur le fond de tarte (voir p. 2).
- Ajouter les oignons et les noix de Saint-Jacques.
- Râper la courgette sur la tarte.
- Faire cuire la tarte 3 min dans un four préchauffé à 300 °C.
- A la sortie du four, verser la sauce et assaisonner.

Flammée à la ratatouille et aux Saint-Jacques

Ingrédients

1 fond de tarte
50 g d'appareil salé
40 g d'oignons en botte
100 g de Saint-Jacques
3 feuilles de basilic
sel, poivre

Sauce tomate

100 g de lard fumé
40 g de beurre
80 g de carottes
80 g d'oignons
60 g de farine
1,5 kg de tomates fraîches
2 gousses d'ail
1 bouquet garni
40 g de concentré de tomates
1 l d'eau
10 g de sucre, sel, poivre

Ratatouille

1 tomate, 2 courgettes
2 oignons, 2 aubergines
1 poivron rouge
1 poivron jaune
2 gousses d'ail
6 cuillerées à soupe d'huile d'olive
2 cuillerées à soupe de concentré de tomates
1 cuillerée à soupe de basilic
sel, poivre

Préparer la sauce tomate

- Couper le lard en lardons.
- Faire sauter les lardons au beurre et ajouter les carottes et les oignons taillés en mirepoix.
- Laisser colorer puis saupoudrer de farine.
- Faire blondir à four chaud.
- Ajouter les tomates lavées, mondées, épépinées et concassées.
- Incorporer l'ail dégermé et écrasé, le bouquet garni et le concentré de tomates.
- Mouiller avec l'eau et assaisonner. Ajouter le sucre.
- Couvrir et enfourner à 140 °C (th. 4-5) pendant 1 h.

Préparer la ratatouille

- Laver et épépiner les légumes. Les tailler en brunoise.
- Faire chauffer l'huile dans une sauteuse et y faire revenir tous les légumes sauf les tomates.
- Au bout de 5 min, ajouter l'ail et les herbes.
- Ajouter les tomates et le concentré de tomates.
- Saler et poivrer.
- Laisser mijoter à couvert et à feu doux pendant 15 min.

Préparer les Saint-Jacques

- Faire sauter les noix de Saint-Jacques entières, des deux côtés. Les tailler en fines lamelles.

Préparer la tarte

- Etaler l'appareil salé (voir p. 4) mélangé à la sauce tomate sur le fond de tarte (voir p. 2).
- Ajouter les oignons en botte (voir p. 5), la ratatouille et les Saint-Jacques.
- Faire cuire la tarte 3 min dans un four préchauffé à 300 °C.
- A la sortie du four, rajouter le basilic ciselé et assaisonner.

6 cl

Flammée au saumon, sauce aigrelette et nougatine

Ingrédients

1 fond de tarte
100 g d'appareil salé
40 g d'oignons en botte
100 g de saumon
2 cuillerées à soupe d'huile d'olive
1 citron vert
1 cuillerée à soupe de raisins secs
sel, poivre

Nougatine

100 g de sucre
10 cl d'eau
30 g de mélange de pistaches, d'amandes, de graines de sésame et de courge
sel

Sauce aigrelette

1 échalote
1 cuillerée à soupe de crème épaisse
sel, poivre

- Prélever le zeste du citron vert et le jus.
- Tailler le saumon en cubes grossiers, les faire mariner dans l'huile d'olive avec le zeste de citron vert.

Préparer la nougatine

- Préparer un caramel en faisant fondre le sucre et l'eau.
- Une fois la couleur souhaitée, ajouter le mélange de graines, fruits secs et une pincée de sel.
- Verser ensuite le caramel sur une feuille de papier sulfurisé ou une surface antiadhésive, puis aplatir à l'aide d'un rouleau à pâtisserie.
- Dès qu'il est froid, le casser en morceaux.

Préparer la sauce aigrelette

- Eplucher et ciseler l'échalote.
- Mélanger ensuite la crème épaisse, 2 cuillerées à soupe du jus de citron vert et l'échalote.
- Saler et poivrer.

Préparer la tarte

- Etaler l'appareil salé (voir p. 4) sur le fond de tarte (voir p. 2).
- Ajouter les oignons en botte (voir p. 5), les raisins et le saumon.
- Faire cuire la tarte 3 min dans un four préchauffé à 300 °C.
- A la sortie du four, parsemer la tarte de morceaux de nougatine et de ciboule ciselée (fanes des oignons en botte).
- Rajouter la sauce aigrelette.
- Saler et poivrer.

Flammée au saumon, pop-corn et caramel au beurre salé

Ingrédients

1 fond de tarte
100 g d'appareil salé
100 g de saumon
1 citron vert
2 cuillerées à soupe d'huile d'olive
40 g d'oignons en botte
2 cuillerées à soupe de pop-corn
sel, poivre

Caramel au beurre salé

70 g de sucre
15 cl de crème liquide
20 g de beurre salé

- Prélever le zeste du citron.
- Tailler le saumon en cubes grossiers puis les faire mariner à l'huile d'olive avec le zeste de citron.

Préparer le caramel au beurre salé

- Faire un caramel à sec : laisser chauffer le sucre dans une casserole à fond épais.
- A la couleur souhaitée, stopper la cuisson en y ajoutant la crème.
- Laisser réduire jusqu'à obtenir une consistance épaisse et ajouter le beurre salé.

Préparer la tarte

- Etaler l'appareil salé (voir p. 4) sur le fond de tarte (voir p. 2).
- Ajouter les oignons en botte (voir p. 5) et le saumon égoutté.
- Faire cuire la tarte 3 min dans un four préchauffé à 300 °C.
- A la sortie du four, ajouter les pop-corn, le caramel au beurre salé puis la ciboule ciselée (fanes des oignons en botte).
- Assaisonner.

Flammée au carpaccio de thon aux algues

Ingrédients

1 fond de tarte
100 g d'appareil salé
40 g d'oignons en botte
100 g de thon rouge
15 g d'algues nori
15 g d'algues wakamé

Sauce soja

2 cuillerées à soupe de sauce soja
1 citron vert
sel, poivre

Préparer les algues

- Faire tremper les algues dans de l'eau tiède afin de les laver.
- Les rincer et les débarrasser.

Préparer la sauce soja

- Prélever le zeste du citron vert et presser le jus.
- Mélanger la sauce soja au jus de citron et assaisonner.

Préparer le thon

- Couper le thon en très fines tranches (*carpaccio*).

Préparer la tarte

- Etaler l'appareil salé (voir p. 4) sur le fond de tarte (voir p. 2).
- Ajouter les oignons en botte (voir p. 5) et les algues.
- Faire cuire la tarte 3 min dans un four préchauffé à 300 °C.
- A la sortie du four, ajouter le thon, saupoudrer de zeste de citron, de ciboule ciselée (fanes des oignons en botte) et verser la sauce soja.

Flammée au thon rouge au paprika

Ingrédients

1 fond de tarte
100 g d'appareil salé
40 g d'oignons en botte
100 g de thon rouge
50 g de nouilles chinoises
1 cuillerée à soupe de paprika
1 tomate
1 cuillerée à café de sésame
huile d'olive

Sauce soja

2 cuillerées à soupe de sauce soja
1 citron vert
sel, poivre

• Tailler la tomate en dés sans les pépins.

• Faire cuire les nouilles chinoises dans de l'eau bouillante salée, 4 min environ, puis les refroidir à l'eau froide.

Préparer la sauce soja

• Prélever le zeste du citron vert et presser le jus.

• Mélanger la sauce soja au jus de citron puis assaisonner.

Préparer le thon

• Couper le thon en cubes grossiers puis les faire mariner dans de l'huile d'olive mélangée au paprika et au zeste de citron.

Préparer la tarte

• Etaler l'appareil salé (voir p. 4) sur le fond de tarte (voir p. 2).

• Ajouter les oignons en botte (voir p. 5) et le thon.

• Faire cuire la tarte 3 min dans un four préchauffé à 300 °C.

• A la sortie du four, ajouter les nouilles, les dés de tomate, le sésame, la ciboule ciselée (fanes des oignons en botte) et pour finir, la sauce soja.

Les viandes

Flammée au lard braisé et à la choucroute

Ingrédients

1 fond de tarte

100 g d'appareil salé

40 g d'oignons en botte

40 g de pousses de moutarde

60 g de lard fumé

60 g de choucroute cuite

1 l de fond brun

vinaigrette à la moutarde à l'ancienne

Sauce « cochonne »

2 cuillerées à soupe de sauce soja sucrée

3 cuillerées à soupe d'huile de sésame

2 citrons verts

1 cuillerée à café de sésame

1 gousse d'ail

Préparer le lard braisé

- Détailler de gros lardons dans le lard fumé.
- Dans une poêle bien chaude, saisir et colorer les lardons.
- Ajouter le fond brun et laisser réduire presque à sec.

Préparer la sauce

- Prélever le zeste des citrons, puis les presser.
- Eplucher et hacher l'ail.
- Mélanger avec les autres ingrédients et mixer.

Préparer la tarte

- Etaler l'appareil salé (voir p. 4) sur le fond de tarte (voir p. 2).
- Ajouter les oignons en botte (voir p. 5), le lard braisé et la choucroute.
- Faire cuire la tarte 3 min dans un four préchauffé à 300 °C.
- A la sortie du four, assaisonner avec la vinaigrette à la moutarde à l'ancienne (voir p. 7), ajouter les pousses de moutarde et la sauce.

Flammée au magret de canard et aux carottes glacées

Ingrédients

1 fond de tarte
100 g d'appareil salé
40 g d'oignons confits
1 magret de canard

Carottes

2 carottes en botte
2 cuillerées à soupe de sieskass
10 cl de jus d'orange
10 g de sucre

Sauce à l'orange

20 cl de jus d'orange
2 cuillerées à café de cumin
1 cuillerée à café de sucre
2 cuillerées à soupe de vinaigre
30 cl de fond brun

Préparer les carottes

- Faire cuire les carottes dans de l'eau bouillante salée.
- Les refroidir à l'eau froide.
- Faire réduire 10 cl de jus d'orange.
- Ajouter le sucre, et faire réduire presque à sec.
- Ajouter les carottes afin de les glacer.

Préparer la sauce à l'orange

- Faire réduire séparément de moitié le fond brun et le jus d'orange avec le cumin.
- Dans une casserole, ajouter le sucre et le vinaigre et laisser réduire à sec.
- Ajouter ensuite le fond brun et le jus d'orange.
- Assaisonner.
- Faire cuire le magret et laisser reposer.

Préparer la tarte

- Etaler l'appareil salé (voir p. 4) sur le fond de tarte (voir p. 2).
- Ajouter les oignons confits (voir p. 5).
- Cuire la tarte.
- A la sortie du four, ajouter les carottes glacées, le sieskass et le magret coupé.
- Napper de sauce à l'orange et assaisonner.

Flammée
au magret de canard à la chinoise

Ingrédients
1 fond de tarte
100 g d'appareil salé
40 g d'oignons en botte
40 g de chou chinois
30 g de carottes
30 g de soja frais
1 magret de canard
1 cuillerée à café de sésame

Sauce soja au miel
jus de 1 citron vert
2 cuillerées à soupe de sauce soja
1 cuillerée à soupe d'huile de sésame
1 cuillerée à soupe de miel
sel, poivre

Préparer la sauce soja au miel
• Mélanger la sauce soja, le jus de citron, le miel et l'huile de sésame.
• Assaisonner.

Préparer le magret de canard et le mélange chou-carottes
• Faire cuire le magret puis le laisser reposer.
• Emincer le chou.
• Eplucher et tailler les carottes en julienne.

Préparer la tarte
• Etaler l'appareil salé (voir p. 4) sur le fond de tarte (voir p. 2).
• Ajouter les oignons en botte (voir p. 5).
• Assaisonner le mélange chou-carottes avec la sauce soja.
• Faire cuire la tarte 3 min dans un four préchauffé à 300 °C.
• A la sortie du four, disposer le mélange en dôme sur la tarte.
• Tailler le magret en fines tranches et le disperser équitablement sur la tarte.
• Saler, poivrer, parsemer de sésame et de ciboule ciselée (fanes des oignons en botte).

Flammée façon tartare

Ingrédients

1 fond de tarte
100 g de bœuf haché
1 cuillerée à soupe de ketchup
1 cuillerée à soupe de mayonnaise
1 cuillerée à café de tabasco
1 cuillerée à soupe de câpres
1 cuillerée à soupe d'huile d'olive
1 cuillerée à soupe de Worcestershire sauce
1 échalote
1/2 oignon
5 g de persil frisé
15 g de roquette
15 g de parmesan
sel, poivre

Préparer la pâte

• Dans un fond de tarte (voir p. 2), détailler trois cercles de 14 cm de diamètre.

• Piquer les cercles à l'aide d'une fourchette, et les faire cuire comme une tarte garnie.

Préparer le tartare

• Eplucher et ciseler l'échalote et l'oignon.

• Hacher les câpres et le persil.

• Faire des copeaux de parmesan.

• Mélanger à la viande hachée : échalote, oignon, câpres hachées, persil haché, ketchup, mayonnaise, tabasco, huile d'olive, Worcestershire sauce, sel et poivre. Le mélange doit être homogène.

Dresser

• Etaler le tartare sur chaque cercle, ajouter la roquette et le parmesan.

• Le monter comme un mille-feuille.

Flammée au filet de bœuf, sauce béarnaise

Ingrédients

1 fond de tarte
100 g d'appareil salé
1 échalote
1/2 botte d'estragon
100 g de filet de bœuf
1 grosse pomme de terre
5 g de persil frisé

Sauce béarnaise

1 échalote
1/2 botte d'estragon
20 cl de vin blanc
2 cl de vinaigre
10 cl de crème liquide
50 g de beurre + 1 noix de beurre
1 œuf
jus de 1 citron
sel, poivre

Préparer la garniture

- Poêler la viande et finir la cuisson au four. Veiller à laisser la viande bleue à l'intérieur. Détailler en fines tranches.
- Eplucher la pomme de terre et la tailler en frites puis rincer à l'eau froide.
- Eplucher et hacher grossièrement l'échalote.
- Hacher le persil et l'estragon séparément.

Préparer la sauce béarnaise

- Faire cuire l'œuf « mollet ».
- Faire suer l'échalote au beurre puis ajouter la moitié de l'estragon.
- Mouiller au vin blanc et au vinaigre.
- Laisser réduire à sec et ajouter la crème.
- Réduire de nouveau pour obtenir une consistance épaisse.
- Filtrer. Saler, poivrer.
- Faire fondre le beurre et séparer le petit-lait.
- Dans un mixeur, verser la réduction tiède et ajouter l'œuf mollet. A l'aide d'un mixeur, monter la réduction au beurre clarifié.
- Assaisonner et verser le jus de citron.
- Débarrasser la béarnaise dans un siphon et maintenir à 30 °C.

Préparer la tarte

- Etaler l'appareil salé (voir p. 4), saupoudrer d'échalote et d'estragon hachés sur le fond de tarte (voir p. 2).
- Faire cuire la tarte 3 min dans un four préchauffé à 300 °C.
- Faire cuire les frites.
- A la sortie du four, appliquer la béarnaise en siphon sur la tarte. Disposer la viande. Servir les frites à part.
- Assaisonner et parsemer de persil.

Flammée façon burger

Ingrédients

1 fond de tarte
30 g d'appareil salé
150 g de viande hachée
20 g de parmesan
20 g de roquette
10 g d'oignons
1 tomate
1 cuillerée à soupe de mayonnaise
1 cuillerée à soupe de ketchup
1 cuillerée à café de sésame
1 jaune d'œuf
sel, poivre

Préparer la pâte

- Dans un fond de tarte (voir p. 2), détailler deux cercles de 14 cm de diamètre.
- Piquer un des cercles, il servira de base.
- Pour le deuxième cercle, préparer une dorure avec le jaune d'œuf et l'étaler à l'aide d'un pinceau. Ne pas le piquer. Parsemer de sésame.
- Faire cuire ce fond, il servira de chapeau.

Préparer la garniture

- Faire des copeaux de parmesan.
- Tailler la tomate en rondelles.
- Emincer les oignons et les faire sauter.
- Faire cuire la viande dans une poêle bien chaude.

Préparer le burger

- Etaler l'appareil salé (voir p. 4) sur le fond de tarte (voir p. 2).
- Ajouter les oignons, les rondelles de tomate et le parmesan.
- Faire cuire la tarte 3 min dans un four préchauffé à 300 °C.
- A la sortie du four, ajouter la viande, la roquette, assaisonner et terminer par le ketchup et la mayonnaise.
- Fermer le burger avec le chapeau.

Flammée au foie gras poêlé et à la compote de rhubarbe

Ingrédients

1 fond de tarte
100 g d'appareil salé
40 g d'oignons en botte
100 g de foie gras
1 cuillerée à café de poivre de Sichuan
2 biscuits spéculos
farine
sel, poivre
20 cl de vinaigre balsamique
3 fraises

Compote de rhubarbe

50 g de rhubarbe
10 g de sucre

- Mixer les fraises.
- Réduire le vinaigre balsamique lentement jusqu'à ce qu'il devienne sirupeux.
- Ajouter le jus de fraise.

Préparer la compote de rhubarbe

- Préparer un sirop en faisant fondre le sucre dans 5 cl d'eau.
- Eplucher la rhubarbe et la tailler en morceaux.
- La pocher ensuite dans le sirop et l'égoutter.

Préparer le foie gras

- Tailler le foie gras en cubes grossiers, et le passer dans la farine.
- Enlever l'excédent de farine et réserver au frais 10 min.
- Dans une poêle bien chaude, saisir le foie gras, assaisonner et l'égoutter si besoin.

Préparer la tarte

- Etaler l'appareil salé (voir p. 4) sur le fond de tarte (voir p. 2).
- Ajouter les oignons en botte (voir p. 5), la rhubarbe et le foie gras.
- Faire cuire la tarte 3 min dans un four préchauffé à 300 °C.
- A la sortie du four, ajouter le poivre de Sichuan, le vinaigre balsamique et les spéculos en morceaux.

Flammée au foie gras poêlé aux girolles

Ingrédients

1 fond de tarte
100 g d'appareil salé
40 g d'oignons en botte
60 g de girolles
50 g d'épinards frais
100 g de foie gras
1 cuillerée à soupe de noisettes
20 g de beurre
1 échalote
1 gousse d'ail
farine
sel, poivre

Préparer les girolles et les épinards

- Laver et équeuter les épinards.
- Ciseler l'ail et l'échalote.
- Laver et blanchir les girolles.
- Dans une poêle bien chaude, faire suer au beurre l'ail et l'échalote.
- Ajouter les girolles et les épinards.
- Assaisonner.

Préparer le foie gras

- Tailler le foie gras en cubes grossiers, et le passer dans la farine.
- Enlever l'excédent de farine et réserver au frais 10 min.
- Dans une poêle bien chaude, saisir le foie gras, assaisonner et l'égoutter si besoin.

Préparer la tarte

- Etaler l'appareil salé (voir p. 4) sur le fond de tarte (voir p. 2).
- Ajouter les oignons en botte (voir p. 5), les épinards, les girolles et le foie gras.
- Faire cuire la tarte 3 min dans un four préchauffé à 300 °C.
- A la sortie du four, assaisonner et parsemer de noisettes.

Flammée façon tacos

Ingrédients

1 fond de tarte
10 g d'appareil salé
50 g de blanc de volaille
1 tomate
20 g d'oignons
20 g de poivrons
1/2 cuillerée à café de piment en poudre
1/2 cuillerée à café d'anis vert en poudre
1/2 cuillerée à café de curcuma en poudre
1/2 cuillerée à café de curry en poudre
1/2 cuillerée à café de cumin en poudre
1/2 cuillerée à café de clous de girofle en poudre
10 g de gruyère
20 g de mesclun
sel, poivre

- Détailler dans le fond de tarte (voir p. 2) un cercle de 14 cm de diamètre.
- Emincer puis poêler le blanc de volaille.
- Couper la tomate en quartiers. Oter les pépins et détailler en dés.
- Mélanger les oignons, les poivrons et le blanc de volaille puis ajouter les épices. Assaisonner.
- Bien mélanger.
- Disposer le mélange sur la moitié du fond de tarte en cercle et ajouter le gruyère par-dessus.
- Faire cuire la tarte 3 min dans un four préchauffé à 300 °C.
- A la sortie du four, mettre les dés de tomate, l'appareil salé (voir p. 4) et le mesclun.

Les desserts

Flammée aux fraises et aux bonbons Arlequin®

Ingrédients

1 fond de tarte
45 g d'appareil sucré
55 g de crème pâtissière
100 g de fraises
2 bonbons Arlequin®
chantilly
1 cuillerée à café de gingembre haché

Crème pâtissière

1 l de lait
250 g de sucre
2 œufs entiers
6 jaunes d'œufs
80 g de poudre à crème pâtissière prête à l'emploi
1 gousse de vanille

Préparer la crème pâtissière

- Fendre la gousse de vanille en deux.
- Dans un cul-de-poule, mélanger le sucre, la poudre et les jaunes d'œufs.
- Blanchir la préparation, y ajouter les œufs entiers.
- Porter à ébullition le lait avec la gousse de vanille, puis verser sur les œufs blanchis. Mélanger au fouet.
- Transvaser le tout dans la casserole de cuisson du lait.
- Faire cuire à feu vif pendant 4-5 min, en remuant constamment, et en faisant attention à ce que la crème n'attache pas au fond de la casserole.
- Débarrasser dans un récipient froid.
- Pour éviter qu'elle ne croûte en refroidissant, la couvrir d'un papier film plaqué directement sur la crème. Une autre méthode consiste à parsemer à sa surface des noix de beurre. Réserver jusqu'à son utilisation.
- Ecraser les bonbons. Tailler les fraises en lamelles.
- Mélanger l'appareil sucré et la crème pâtissière froide.

Préparer la tarte

- Etaler l'appareil sucré (voir p. 4) sur le fond de la tarte (voir p. 2). Ajouter les fraises.
- Faire cuire la tarte 3 min dans un four préchauffé à 300 °C.
- A la sortie du four, parsemer de bonbons, de gingembre et décorer de crème Chantilly.

Flammée à la banane, sauce chocolat-whisky

Ingrédients

1 fond de tarte
100 g d'appareil sucré
1 banane
25 g de chocolat 75 % de cacao
50 cl de crème liquide
1 cuillerée à café de whisky
1 cuillerée à soupe de sucre cassonade

Préparer la sauce chocolat

- Faire frémir la crème. Verser la crème sur le chocolat en deux fois. Mélanger jusqu'à ce que la sauce devienne lisse et homogène. Ajouter le whisky.

Préparer la banane

- Couper la banane en rondelles.

Préparer la tarte

- Etaler l'appareil sucré (voir p. 4) sur le fond de tarte (voir p. 2).
- Ajouter les rondelles de banane. Verser le sucre cassonade.
- Faire cuire la tarte 3 min dans un four préchauffé à 300 °C.
- A la sortie du four, verser la sauce au chocolat.

Flammée à la banane, sauce chocolat blanc ▸

Ingrédients

1 fond de tarte
100 g d'appareil sucré
1 banane
50 g de chocolat blanc
50 cl de crème liquide
1 cuillerée à café de rhum
1 gousse de vanille
1 cuillerée à soupe de sucre cassonade
2 cuillerées à soupe de riz soufflé

Préparer la sauce au chocolat blanc

- Faire frémir la crème, puis ajouter la gousse de vanille coupée en deux. Verser la crème sur le chocolat en deux fois.
- Mélanger jusqu'à ce que la sauce devienne lisse et homogène. Ajouter le rhum.

Préparer la banane

- Couper la banane en rondelles.

Préparer la tarte

- Etaler l'appareil sucré (voir p. 4) sur le fond de tarte (voir p. 2).
- Ajouter les rondelles de banane. Verser le sucre cassonade.
- Faire cuire la tarte 3 min dans un four préchauffé à 300 °C.
- A la sortie du four, verser la sauce au chocolat et le riz soufflé.

Flammée aux pommes et à la cannelle

Ingrédients

1 fond de tarte
100 g d'appareil sucré
1 pomme verte
1 pomme rouge
2 cuillerées à soupe de sucre
2 cuillerées à café de cannelle en poudre
calvados

- Mélanger le sucre et la cannelle.
- Tailler à la mandoline les pommes en fines lamelles.

Préparer la tarte

- Etaler l'appareil sucré (voir p. 4) sur le fond de tarte (voir p. 2).
- Ajouter les pommes.
- Saupoudrer de sucre à la cannelle.
- Faire cuire la tarte 3 min dans un four préchauffé à 300 °C.
- A la sortie du four, verser le calvados et flamber.

Flammée façon poire Belle-Hélène

Ingrédients

1 fond de tarte
100 g d'appareil sucré
1 poire au sirop
50 cl de crème liquide
25 g de pâte à tartiner aux noisettes
1 cuillerée à soupe d'amandes

Préparer la sauce chocolat-noisette

- Faire frémir la crème.
- La verser sur la pâte à tartiner en deux fois.
- Mélanger, le mélange doit être lisse et homogène.

Préparer la poire

- Tailler la poire en 3 parties (tête/milieu/base).

Préparer la tarte

- Détailler 3 cercles dans le fond de tarte : le 1er de 8 cm de diamètre, le 2e de 11 cm de diamètre, le 3e (la base) de 14 cm de diamètre.
- Piquer les fonds.
- Etaler l'appareil sucré (voir p. 4) sur les fonds de tarte (voir p. 2).
- Faire cuire les fonds. A la sortie du four, ajouter les poires, les amandes et la sauce.
- Le montage se fait comme pour un mille-feuille.

Flammée façon crumble citron-fraises-rhubarbe

Ingrédients

1 fond de tarte
100 g d'appareil sucré
100 g de fraises
50 g de rhubarbe

Crumble

1 gousse de vanille
125 g de beurre
125 g de sucre
250 g de farine
1 citron vert

Préparer le crumble au citron

- Faire ramollir le beurre.
- Prélever le zeste du citron vert. Mélanger le beurre, le sucre, la vanille et le zeste. Ajouter la farine. Mélanger.
- Préparer un sirop en faisant fondre 10 g de sucre dans 5 cl d'eau.
- Faire cuire la rhubarbe dans le sirop. L'égoutter.
- Tailler les fraises en lamelles.

Préparer la tarte

- Etaler l'appareil sucré (voir p. 4) sur le fond de tarte (voir p. 2).
- Ajouter la rhubarbe, les fraises et le crumble.
- Faire cuire la tarte 3 min dans un four préchauffé à 300 °C.

Flammée façon tarte au citron meringuée

Ingrédients

1 fond de tarte

Crème au citron

20 cl de jus de citron
150 g de beurre
300 g de sucre
40 g de poudre à crème
6 œufs

Meringue

100 g de blancs d'œufs
200 g de sucre
12 cl d'eau

Préparer la crème au citron

- Blanchir les œufs avec le sucre. Ajouter la poudre à crème.
- Faire bouillir le jus de citron. Incorporer le beurre.
- Mélanger les deux et faire cuire comme une crème pâtissière.

Préparer la meringue

- Battre les blancs en neige ferme. Cuire le sucre et l'eau à 121 °C. Tout en continuant de battre, mélanger les deux.

Préparer la tarte

- Détailler un cercle de 14 cm de diamètre dans le fond de tarte et le piquer.
- Ajouter la crème citron sur le fond de tarte (voir p. 2).
- Faire cuire la tarte aux 3/4. Ajouter la meringue et finir la cuisson.

Flammée à l'ananas et au basilic

Ingrédients

1 fond de tarte
100 g d'appareil sucré
1/4 ananas
2 branches de basilic
huile d'olive
sucre cassonade

Préparer l'ananas et le basilic

- Tailler l'ananas en carpaccio.
- Ciseler quatre feuilles de basilic.
- Faire un sirop et y ajouter le reste du basilic.
- Stopper la cuisson à ébullition. Laisser infuser 30 min.
- Passer le sirop au chinois et remettre à frémir.
- Pocher l'ananas.

Préparer la tarte

- Etaler l'appareil sucré (voir p. 4) sur le fond de tarte (voir p. 2).
- Ajouter l'ananas, le sucre cassonade et l'huile d'olive.
- Faire cuire la tarte 3 min dans un four préchauffé à 300 °C.
- A la sortie du four, ajouter le basilic ciselé.

Flammée façon Tatin ▸

Ingrédients

1 fond de tarte
40 g d'appareil sucré
2 pommes
75 g de beurre
100 g de sucre
1 cuillerée à café de crème épaisse
cannelle

Préparer les pommes

- Eplucher et couper les pommes en deux. Poudrer de cannelle.
- Faire fondre le beurre et le sucre.
- Laisser colorer le caramel selon votre convenance.
- Dans un récipient, ajouter les pommes et verser le caramel par-dessus.
- Faire cuire au four à 180 °C (th. 6) environ 1 h.
- Récupérer le jus de cuisson et le faire réduire.

Préparer la tarte

- Etaler l'appareil sucré (voir p. 4) sur le fond de tarte (voir p. 2).
- Ajouter les pommes.
- Faire cuire la tarte 3 min dans un four préchauffé à 300 °C.
- A la sortie du four, ajouter la crème fraîche et la réduction.

Flammée façon clafoutis

Ingrédients

1 fond de tarte
75 g de cerises dénoyautées
sucre glace

Sirop

20 g de sucre
1 feuille de sauge

Appareil à clafoutis

3 œufs
100 g de sucre
20 g de Maïzena
125 g de mascarpone

Préparer le clafoutis

• Séparer les blancs des jaunes. Monter les blancs en neige ferme. Ajouter le sucre. Mélanger dans un autre récipient les jaunes, la Maïzena et le mascarpone. Incorporer le mélange mascarpone aux blancs montés.

Préparer les cerises

• Préparer un sirop en faisant fondre le sucre dans 10 cl d'eau et la sauge.
• Faire cuire les cerises dans le sirop à la sauge.

Préparer la tarte

• Détailler un cercle de 14 cm de diamètre dans le fond de tarte et le piquer. Ajouter les cerises. Ajouter par-dessus trois cuillerées à soupe d'appareil à clafoutis.
• Faire cuire la tarte 3 min dans un four préchauffé à 300 °C.
• A la sortie du four, saupoudrer de sucre glace.

Flammée aux litchis, au coulis de framboises

Ingrédients

1 fond de tarte
100 g d'appareil sucré
10 litchis au sirop
20 g de framboises
2 cuillerées à soupe de coulis de framboises
1 cuillerée à soupe de sucre cassonade
10 g de beurre
liqueur de rose
pétales de rose, praline

Préparer les litchis

• Poêler les litchis au beurre et flamber à la liqueur.

Préparer la tarte

• Etaler l'appareil sucré (voir p. 4) sur le fond de tarte (voir p. 2).
• Ajouter les litchis et le sucre cassonade.
• Faire cuire la tarte 3 min dans un four préchauffé à 300 °C.
• A la sortie du four, ajouter les framboises, la praline, le coulis et les pétales de rose.

Flammée aux abricots, au miel et à la lavande

Ingrédients

1 fond de tarte
100 g d'appareil sucré
4 abricots
2 cuillerées à soupe de miel de lavande
1 cuillerée à café de lavande
10 g de beurre
1 boule de glace à la vanille

Préparer les abricots rôtis au miel

- Laver et dénoyauter les abricots. Les placer dans un récipient.
- Verser dessus le miel et ajouter des noisettes de beurre.
- Faire cuire au four à 180 °C (th. 6) pendant 15 min.
- Les débarrasser et ajouter la lavande.
- Récupérer le jus de cuisson et faire réduire.

Préparer la tarte

- Etaler l'appareil sucré (voir p. 4) sur le fond de tarte (voir p. 2).
- Ajouter les abricots.
- Faire cuire la tarte 3 min dans un four préchauffé à 300 °C.
- A la sortie du four, ajouter de la lavande, une boule de glace à la vanille et la réduction.

Flammée à la pomme, sauce Carambar®

Ingrédients

1 fond de tarte
100 g d'appareil sucré
1 pomme
20 g de beurre
1 gousse de vanille

Sauce

50 cl de crème liquide
15 Carambar®

Préparer la sauce Carambar®

- Faire frémir la crème. Verser la crème sur les Carambar®.
- Mélanger jusqu'à ce que la sauce devienne lisse et homogène.

Préparer la pomme

- Eplucher et tailler la pomme en brunoise.
- Mélanger le beurre à la vanille.
- Poêler la brunoise de pomme avec le beurre vanillé.

Préparer la tarte

- Etaler l'appareil sucré (voir p. 4) sur le fond de tarte (voir p. 2).
- Ajouter la brunoise.
- Faire cuire la tarte 3 min dans un four préchauffé à 300 °C.
- A la sortie du four, verser la sauce Carambar®.

Flammée
à la crème caramel, sauce Suzette

Ingrédients

1 fond de tarte

100 g d'appareil sucré

Crème caramel

1/2 l de lait

4 œufs entiers

125 g de sucre

1 gousse de vanille

Caramel

200 g de sucre

5 cl d'eau

Sauce Suzette

5 oranges

225 g de sucre

225 g de beurre

7 cl de cointreau

Préparer la crème caramel

• Porter doucement à ébullition le lait et la vanille.

• Verser le sucre du caramel dans une petite casserole. Ajouter les 5 cl d'eau.

• Porter à ébullition et laisser cuire à feu très doux jusqu'à l'obtention d'un caramel.

• Verser le caramel dans un récipient. Laisser durcir.

• Blanchir les œufs entiers avec le sucre.

• Verser le lait bouillant en une seule fois sur les œufs blanchis. Mélanger bien et passer au chinois. Ecumer.

• Verser l'appareil encore chaud dans le récipient avec le caramel.

• Faire cuire au four 30 min à 180 °C (th. 6).

• Après cuisson, réserver au frais.

Préparer la sauce Suzette

• Prélever le zeste des oranges.

• Presser le jus des oranges.

• Dans une casserole, verser le sucre en poudre puis incorporer le beurre fondu et laisser cuire pendant 10 min en mélangeant de temps en temps.

• Hors du feu, arroser la préparation précédente de jus d'orange et de cointreau puis incorporer le zeste d'orange râpé.

• Bien mélanger et laisser cuire à feu doux pendant quelques minutes jusqu'à obtenir une sauce sirupeuse.

Préparer la tarte

• Etaler l'appareil sucré (voir p. 4) sur le fond de tarte (voir p. 2).

• Faire cuire la tarte 3 min dans un four préchauffé à 300 °C.

• A la sortie du four, ajouter des morceaux de crème caramel à la cuillère. Verser la sauce Suzette.

Flammée façon tiramisu

Ingrédients

1 fond de tarte
40 g de kouglof
4 cuillerées à soupe de café
2 cuillerées à soupe d'amaretto
1 cuillerée à soupe de cacao en poudre

Tiramisu

3 œufs
100 g de sucre
20 g de Maïzena
125 g de mascarpone

Préparer le tiramisu

- Séparer les blancs des jaunes. Monter les blancs en neige ferme. Ajouter le sucre. Mélanger dans un autre récipient les jaunes, la Maïzena et le mascarpone.
- Incorporer le mélange mascarpone aux blancs montés.

Préparer le kouglof

- Tailler des morceaux de kouglof et les imbiber d'amaretto et de café.

Préparer la tarte

- Détailler un cercle de 14 cm de diamètre dans le fond de tarte et le piquer. Ajouter les morceaux de kouglofs.
- Ajouter par-dessus trois cuillerées à soupe de tiramisu.
- Faire cuire la tarte 3 min dans un four préchauffé à 300 °C.
- Saupoudrer la tarte de cacao en poudre.

Flammée aux agrumes, sauce au thé

Ingrédients

1 fond de tarte
100 g d'appareil sucré
3 oranges
2 citrons
3 pomelos
2 cuillerées à café de thé Earl Grey
5 feuilles de menthe
150 g de sucre
sucre cassonade

Préparer les agrumes

- Prélever le zeste de tous les agrumes. Presser un pomelo et une orange. Peler à vif les autres agrumes et prélever les segments. Les égoutter dans une passoire.

Préparer la sauce au thé

- Infuser le thé dans le jus d'agrumes bouillant. Y ajouter le sucre et les zestes. Laisser infuser 15 min. Passer au chinois.

Préparer la tarte

- Etaler l'appareil sucré (voir p. 4) sur le fond de tarte (voir p. 2).
- Ajouter les segments d'agrumes et le sucre cassonade.
- Faire cuire la tarte. A la sortie du four, ajouter la menthe ciselée et la sauce.

Table des recettes

Editeur : Gaëlle Guilmard
Coordination éditoriale : Solenne Lambert
Conception graphique :
Studio graphique des Editions Ouest-France
Mise en page et photogravure :
graph&ti, Cesson-Sévigné (35)
N° d'éditeur : 6392.01.4,5.03.11
I.S.B.N. 978-2-7373-5288-1
Dépôt légal : mars 2011
Imprimé en France par Pollina - L56676
www.editionsouestfrance.fr